a questão judaica contemporânea

coordenação **breno isaac benedykt**

curadoria **lia vainer schucman**
breno isaac benedykt
sergio kon
gita k. guinsburg

Títulos do original: **Exclu le juif en nous**

colaboração **manoela miklos**

equipe de realização
coordenação textual **luiz henrique soares** e **elen durando**
edição de texto **marcio honorio de godoy**
projeto gráfico **sergio kon**
produção **ricardo w. neves** e **sergio kon**

CIP-Brasil. Catalogação na Publicação
Sindicato Nacional dos Editores de Livros, RJ

N168e
Nancy, Jean-Luc, 1940-2021
Exclua o judeu em nós / Jean-Luc Nancy ; tradução, posfácio e notas Breno Isaac Benedykt. - 1. ed. - São Paulo : Perspectiva : IBI, 2025.
112 p. ; 21 cm. (A questão judaica contemporânea ; 2)

Tradução de: Exclu le juif en nous
ISBN 978-65-5505-261-9

1. Questão judaica. 2. Antissemitismo. I. Benedykt, Breno Isaac. II. Instituto Brasil- Israel. III. Título. IV. Série.

CDD: 305.8924
25-99616.2 CDU: 316.347(=411.16)

Carla Rosa Martins Gonçalves - Bibliotecária - CRB-7/4782
01/08/2025 05/08/2025

Esta coleção contou com o patrocínio do
INSTITUTO BRASIL-ISRAEL

1ª edição

praça dom josé gaspar, 134, cj. 111.
01047-912 são paulo sp brasil
tel: (11) 3885-8388
www.editoraperspectiva.com.br
2025

EXCLUA O JUDEU EM NÓS

JEAN-LUC NANCY

breno isaac benedykt
tradução, posfácio e notas

Instituto Brasil-Israel

PERSPECTIVA

sumário

nota da tradução

A primeira versão deste texto foi publicada em 2018, em Paris, na coleção La Philosophie en effet, pela editora Galilée. No ano seguinte, para a versão em inglês, Jean-Luc Nancy escreveu um prefácio, uma introdução e notas adicionais. O autor solicitou que essas duas últimas adições também fossem incorporadas à versão italiana que estava em preparação.

Nesta edição, optamos por incorporar todos esses acréscimos. O texto-base de nossa tradução, contudo, é o da edição original francesa.

Aproveito para agradecer a Alexandre Wahrhaftig e a Benjamin Seroussi pelas preciosas, ainda que pontuais, sugestões de melhoria na tradução.

prefácio

Finalizei os retoques deste texto para a tradução do livro em inglês no início de novembro de 2018, apenas alguns dias após o ataque antissemita mais grave da história dos Estados Unidos, ocorrido em 27 de outubro, em Pittsburgh. Evidentemente, imitadores *ainda* se sentem encorajados pelos anátemas de João Crisóstomo, pelas diatribes de Lutero, pelos delírios dos *Protokoly Mędrców Syjonu* (Os Protocolos dos Sábios de Sião) e pela ideologia de *Mein Kampf* a proclamar que “os judeus são filhos de Satanás” antes de abrirem fogo contra eles no meio de uma cidade estadunidense cujo lema é *benigno numine* (“por um poder divino benevolente” ou “pela graça do céu”).

Essa rápida expansão geográfica da violência antissemita pode ser vista como um sintoma do aumento generalizado de incidentes de violência impulsiva ou passional (na medida em que esse tipo de violência pode ser distinguido de outros, como a violência social, econômica ou política) que ocorrem em um mundo desorientado. Mas, mesmo que fosse esse o caso, ele ainda precisa ser compreendido em termos de sua estarrecedora continuidade com – e perpetuação de – uma doença e um desarranjo que têm pertencido ao Ocidente desde sua origem.

Que um ódio tão feroz, único na história das civilizações, tenha alcançado o continente e o país onde o Ocidente viveu sua maior expansão antes de se espalhar por toda parte, é isso que dá a este livro sua terrível justificativa: expor o papel originário e constitutivo do antissemitismo no desenvolvimento da estrutura simbólica, ética e emocional do Ocidente.

introdução

O trabalho empreendido aqui consiste em revelar pelo menos uma das raízes – sem dúvida a principal – do fenômeno do antissemitismo, que persiste e se intensifica há 22 séculos, e que continua a ressurgir obstinadamente mesmo em pleno século XXI – na Europa, mas também na América do Norte (onde não é novo, mas parece ser reativado) e na América do Sul (onde parece ser revigorado por questões relacionadas a Israel e à Palestina).

O presente estudo identifica a origem profunda do antissemitismo – um fenômeno absolutamente único na história das civilizações – em uma divisão originária do mundo europeu. Uma divisão originária, por assim dizer, que também significa uma origem dividida, ou ainda uma divisão que é, ela mesma, originária. Os dois significados devem ser aprofundados e examinados em conjunto, e o presente ensaio pretende ser uma primeira tentativa nesse sentido.

Ainda assim, ficará claro para todos que a horrível cicatriz que o extermínio dos judeus infligiu na história da Europa permanecerá ligada a essa história e que, quando reaparece em outros lugares, o faz em formas derivadas e nunca comparáveis. Ao gerar o Ocidente, a Europa certamente difundiu grande parte de seus traços pelo mundo, mas sua fúria racial mítica e delirante não podia exportar junto o desejo intenso, a ela vinculado, de regenerar e reconstruir a Europa[1]. Em certo sentido, a descoberta do que seria chamado "Novo Mundo" iniciou um novo processo gerativo e, nesse sentido, desviou a inquietação originária.

É por isso que não posso deixar de escrever uma nova introdução para a primeira versão deste livro em inglês. Não apenas é necessário situar a questão em um contexto diferente do europeu, mas essa mudança de perspectiva também permitirá avaliar a análise da própria Europa.

■ ■ ■

1 Apenas o Japão sentiu em si desejo semelhante, também certamente ligado a uma obsessão pela refundação.

Existem muitos elementos que fazem com que a invasão e a conquista do continente americano, iniciadas no século xv, sejam não apenas uma expansão da Europa, mas também uma ruptura com ela, ou com a continuidade da história europeia – uma ruptura cujo marco decisivo é a independência dos Estados Unidos, seguida pelas múltiplas independências da América Latina. Entre esses elementos, devo destacar o caráter fundacional dessas independências. O gesto de romper com os estados europeus é, em si, inseparável do gesto de fundar: é o início de outra história. Quaisquer que sejam as diferenças entre a independência das Treze Colônias e aquelas que se seguiram, todos esses atos terão sido de uma natureza diferente dos atos de fundação dos Estados europeus: da Rússia à Inglaterra ou à Suécia, apesar das diferenças importantes, todos emergiram sob a sombra do Império Romano. Esse foi o verdadeiro ponto de partida da Europa: Roma foi sua própria fundação, ou pelo menos é assim que ela se compreendia. Pode-se dizer que a Grécia inventou a autonomia – rompendo com as antigas autoctonias – e que Roma inventou uma nova autoctonia: a de um império fundado acima dos povos particulares, em um poder que é, ao mesmo tempo, autocrático e virtualmente universal.

É assim que Roma se divide em duas, a celestial e a terrestre – a primeira tendendo a se confundir com uma Jerusalém celestial, em vista da qual se torna necessário o aniquilamento da Jerusalém terrena, ou seja, com a outra maneira de praticar a autonomia: em nome de uma aliança com um absolutamente outro, em nome de um chamado, ao invés de em razão de uma fundação.

Com a América, a sombra de Roma se dissipa. A América do Norte se pensava como fundada por direito divino – o divino entendido como o direito humano de fundar sua própria autonomia. Na Declaração de Independência de 1776, a tarefa dos Treze Estados era "assumir, entre os poderes da Terra, posição igual e separada a que lhes dão direito as Leis da Natureza e do Deus da Natureza". De certo modo, há aqui mais afinidade com a visão judaica do que com a cristã. Aliás, no pano de fundo da Declaração de 1776, na cultura puritana dos pais fundadores, havia uma identificação significativa com os judeus em exílio rumo à Terra Prometida.

Grande parte da América Latina, por sua vez, seguiu a lógica da soberania europeia, ou seja, a lógica de um paralelismo entre os dois poderes, o civil e o religioso, intimamente ligados entre si, mas essencialmente heterogêneos. Essa lógica, na Europa, nunca deixou de dilacerar a imagem dos judeus, entre uma filiação civil, que implicaria uma transformação religiosa ao longo do tempo, e uma exclusão religiosa com graves consequências civis. Quando a Espanha expulsou seus judeus, aqueles que chegaram à América (frequentemente como marranos) foram autorizados a permanecer, porque o vice-reinado não operava no mesmo contexto que a monarquia: o catolicismo, ali, estava exposto a tantas culturas, crenças e condições adversas que o judaísmo podia ser mais facilmente esquecido.

■ ■

Assim, por razões muito diferentes, as duas configurações do Novo Mundo não importaram o antissemitismo na mesma forma em que ele continuava, por outro lado, a infectar a Europa. Bem entendido, isso não significa que ele não estivesse presente ou não tenha permanecido pronto para ser reativado, como de fato aconteceu, especialmente durante a revolução comunista, a qual foi largamente considerada obra judaica. Mesmo muito antes disso, em 1790, o antissemitismo já era um problema suficientemente grave para que George Washington, o primeiro presidente dos Estados

Unidos, considerasse necessário opor a religião civil dos Estados Unidos ao legado de ódio aos judeus, na seguinte advertência:

> O governo dos Estados Unidos não aprova o fanatismo e não tolera a perseguição, exigindo apenas que aqueles que vivem sob sua proteção se conduzam como bons cidadãos, oferecendo-lhe, em todas as ocasiões, seu apoio efetivo. [...] Que os filhos da linhagem de Abraão que habitam nesta terra continuem a merecer e a desfrutar da benevolência dos outros habitantes – todos estarão seguros sob sua própria videira e figueira, e ninguém jamais os fará temer. Que o Pai de todas as Graças espalhe luz, e não trevas, sobre o nosso caminho, e nos torne a todos úteis em nossas diversas vocações, e, no tempo que Ele desejar e a Seu modo, eternamente felizes.

Esse texto pertence a uma carta que Washington enviou à comunidade judaica de Newport[2]. Algumas pessoas de destaque dessa comunidade seriam comerciantes de escravos. Assim, pelo menos, é contada a história. No século XXI, Claudio Magris, escreve: "Seriam os judeus os

■ ■ ■

2 O grande poeta Louis Zukofsky, sempre atento e exigente em sua reflexão (junto com outros) sobre o judaísmo, cita essa carta na Seção 8 de seu poema épico *"A"*: ver Louis Zukofsky, *"A"*, Los Angeles: University of California Press, 1978, p. 71.

negros do mundo, e os negros na América os judeus no Egito, perseguidos pelo faraó porque ele os teme?"[3] Nessa frase, escrita em 2015, ecoa a nova epidemia de antissemitismo que ganha força ao redor do mundo, tanto na América quanto na Europa, na Rússia (a despeito dos esforços oficiais) e no mundo muçulmano – sem mencionar as versões chinesa e japonesa das teorias da conspiração judaica, todas derivadas dos *Protocolos dos Sábios de Sião*.

É notável com que frequência e intensidade o antissemitismo que atualmente se espalha pelo mundo globalizado está impregnado de antiamericanismo – assim como, no passado, o antissemitismo nos Estados Unidos estava associado ao anticomunismo. Em ambos os casos, a acusação envolve a dominação mundial: o judeu é visto como a alma ou essência de uma vontade – muitas vezes descrita literalmente como diabólica – de submeter o planeta às leis de seus cálculos gananciosos. Pouco importa que cor ou tom essa vontade de dominar assuma aqui ou ali: o judeu se adapta a todas as formas de papéis ou disfarces, já que, supostamente, não possui nada próprio além de sua voraz rapacidade.

3 Claudio Magris, *Blameless*, tradução de Anne Milano Appell. New Haven: Yale University Press, 2017, p. 221.

▪ ▪

É sabido que, em nenhum outro lugar como na América (nos Estados Unidos, na Argentina, no Brasil etc.), o judaísmo desenvolveu uma cultura que é, ao mesmo tempo, própria e imersa em seu ambiente – e que, muitas vezes, também é amplamente reconhecida no restante do mundo. Trata-se de uma cultura que frequentemente foi parte integrante – e, por vezes, até mesmo geradora – das contestações a respeito do poder estadunidense. Ela também não permaneceu em silêncio diante do que os Estados Unidos chamam de "Holocausto" e que, na Europa, ganhou o nome de "Schoá"[4]. No entanto, apesar de se poder debater qual foi o papel das Américas nesse evento, permanece o fato de que foram os judeus da Europa que foram exterminados, e é a partir de dentro da Europa que se pode tentar compreender, remontando às origens, a importância constitutiva da laceração antissemita.

▪▪▪

4 Ainda que a transliteração do hebraico mais utilizada seja aquela derivada do inglês, "Shoah", a editora opta por uma padronização própria das transliterações do hebraico, elaborada com base no *Dicionário Hebraico Português* (São Paulo: Edusp, 1995), organizado por Rifka Berezin, com as adaptações necessárias para serem imediatamente legíveis pelo público em geral. Assim sendo, consideramos a transcrição fonética Schoá (שואה) como a mais apropriada. (N.da T.)

É por isso que levar em consideração o caso das Américas, onde tantos judeus expulsos da Europa encontraram refúgio entre os séculos XV e XX, contribui para uma melhor compreensão da natureza e das implicações daquilo que, ao falarmos de ódio aos judeus, considero necessário definir como constitutivo – determinante, estrutural, essencial, historial – não apenas da Europa, mas também do que, a partir dela, permeia a civilização, até há pouco tempo chamada de "ocidental", que agora tende a se tornar universal.

■ ■

Acabo de receber um texto recentemente publicado por Michel Deguy ("Thomas Mann, Moïse et l'Europe", apresentado na Maison de la Poésie, em janeiro de 2018), no qual encontro a seguinte passagem: ao falar do dano causado pelo "suicídio da Alemanha" (título de um livro recente de Jean-Michel Rey), ele escreve que deveríamos nos perguntar "se esse dano não é irreversível, causa (ou razão) desse atraso incrível ('impensável') da gênese europeia há meio século, ou até dessa malformação congênita de nossa embriogênese".

1

banalidade

Incansavelmente, o antissemitismo se repete. No início do ano de 2018, na França, uma criança judia de oito anos, identificada por sua quipá, é espancada por outras crianças. A exterminação dos judeus da Europa poderia levar a crer que, setenta e cinco anos depois, "o ventre de onde isso saiu" – como escreveu Brecht – não estaria mais fecundo. Mas ele segue.

Não o é ao modo dos campos, nem das "noites de cristais" (Kristallnacht), nem das leis antijudaicas. Criam-se mesmo, na Europa, leis para condenar declarações e atos antissemitas. Isso não impede que aquilo que retorna se faça no mesmo modo daquilo que, outrora, permitiu a perseguição estatal em cerca de vinte países europeus – ou seja, no modo da banalidade.

Há alguns anos, os jornais empregam cada vez mais os adjetivos "banal", "ordinário" ou "cotidiano" para deplorar o antissemitismo recorrente ao qual somos confrontados. Não se trata, com esses termos, de minimizá-lo, mas, ao contrário, de deplorar sua expansão, a (relativa) tolerância que o cerca e, sobretudo, sua penetração insidiosa na consciência ou no inconsciente de muitos de nossos contemporâneos. Esse uso linguístico surpreende na medida em que contrasta com as críticas que outrora conheceu a expressão "banalidade do mal", que Hannah Arendt havia, sem dúvida, retirado do prefácio de Joseph Conrad para seu romance *Sob os Olhos do Ocidente*.

Acusava-se a expressão de minimizar o horror excepcional do genocídio. É possível que Arendt tenha sido iludida pelo sistema de defesa de Eichmann, que se pretendia um simples funcionário executando ordens. Mas ela não se enganava sobre o grau de banalização alcançado na Europa, à época, pelo antissemitismo em toda a sua grosseira vulgaridade. E o sistema de defesa de Eichmann baseava-se, se refletirmos, nessa terrível banalidade.

Ainda hoje, como se vê claramente no caso de Heidegger[1], falar em "banalidade" é imediatamente suspeito de embelezamento – ou até mesmo, o que é um absurdo, de celebração do antissemitismo. A banalidade em questão não é de forma alguma desculpável – ao contrário: sua existência testemunha uma banalização, ou seja, uma aceitação por inércia de estereótipos procedentes de um fundo insondável de ódio.

O caso de Heidegger é exemplar no sentido de que o mesmo indivíduo pode elaborar um pensamento sobre o "povo" resolutamente oposto a qualquer biologismo racial (e, nesse aspecto, oposto ao nazismo), enquanto recorria, no que diz respeito aos judeus, a preconceitos racistas tão miseráveis quanto um suposto dom para *manigâncias* ou para avareza financeira – características que nos custa ver *por que* razão não seriam também biológicas ou instintivas, caso fossem reais. Ou então, teriam sido forjadas para atender às necessidades *das acusações* – e é exatamente isso que elas são.

1 Jean-Luc Nancy havia apresentado, em 2014, uma primeira versão de seu estudo sobre a "banalidade de Heidegger", no qual analisa, entre outras coisas, a incorporação, por Heidegger, do antissemitismo "vulgar" ou "banal" em seu discurso filosófico. Esse estudo foi publicado como livro em 2015, sob o título *Banalité de Heidegger*. (N. da T.)

Ao fazer esse gesto, Heidegger recolhia, em nome de um pensamento elevado e altivo, o que se arrastava nos esgotos do antissemitismo mais banal, mais difundido, vulgar ou ordinário, que infectava o espírito público da época... e que continua a infectar o nosso.

Ele não apenas continua, mas recrudesceu, inclusive se duplicou com a introdução de um antissemitismo muçulmano, que por sua vez deriva dos problemas surgidos em torno do Estado de Israel. Estado cuja própria fundação, como bem sabemos, não é alheia ao antissemitismo e aos nacionalismos europeus dos séculos XIX e XX. Ao contrário dos países de cristandade, os países do islã não haviam conhecido o antissemitismo até que, no final do século XIX, seus temas e comportamentos europeus começaram a penetrar certos meios "progressistas" do Império Otomano[2].

■ ■ ■

2 É necessário considerar aqui o que Jean-Luc Nancy compreende por antissemitismo. Apenas dessa forma é possível entender por que ele não qualifica outras formas de discriminação ou hostilidade sofridas pelos judeus, fora de uma herança cristã-europeia, como antissemitas. Elas existiram e Nancy tem conhecimento desses fatos. Mas a diferença para ele é tanto significativa como necessária. Vale, contudo, em razão de sua relevância histórica, trazer alguma descrição, ainda que resumida, sobre a discriminação sofrida pelos judeus entre os séculos VII e XIX nos países muçulmanos, onde eram qualificados como *dhimmis* ("povo do pacto" ou "povo do livro"). Esse estatuto social serviu para designar judeus, mas também cristãos, como não mulçumanos, e também para distingui-los dos ▸

Hoje circula ao redor do Mediterrâneo, e mais amplamente pelo mundo, um antissemitismo novamente banalizado, ou seja, nutrido por convicções e representações provenientes de uma história muito longa, na qual as formas modernas sucederam amplamente as formas antigas. Estas últimas – frequentemente chamadas de "antijudaísmo" – procedem antes de tudo da condenação religiosa e de suas consequências (exclusão de diversos setores, estatutos e profissões da sociedade). As formas modernas – racismo bio-etnológico e teorias conspiratórias em escala mundial – se reúnem naquilo que Hannah Arendt caracteriza como a fabricação de uma figura abstrata: "o Judeu",

▪▪▪

▷ infiéis – o que, como se verá, já caracteriza uma diferença para com o antissemitismo de origem cristã. Tal designação atribuía-lhes uma posição intermediária: inferior à dos muçulmanos, mas superior à dos chamados infiéis (ou não monoteístas). Essa classificação justificava, por exemplo, a cobrança de impostos para proteção face a ataques populares e também como marcador de uma posição submetida a restrições ou obrigações de natureza social, econômica, política ou mesmo religiosa. Para Nancy, não se trata de negar essas e outras discriminações sofridas pelos judeus fora da Europa cristã, especialmente antes de sua acelerada mundialização nos séculos XIX e XX, mas de compreender, entre outras coisas, em que medida é o antissemitismo de origem cristã-europeia que se disseminará pelo mundo. No caso do mundo muçulmano, a partir do século XIX, no momento de declínio do Império Otomano – quando, por exemplo, é revogado o estatuto de *dhimmis*, em 1839 e 1856 – e a ascensão do nacionalismo árabe. Vale notar que o colapso do Império Otomano ocorre em 1923 e a primeira publicação em árabe de *Os Protocolos dos Sábios de Sião* ocorre em 1925, no Egito. (N. da T.)

portador de todos os defeitos e responsável por todos os males.

Entre os muitos traços que marcam a evidência da continuidade entre o antigo e o moderno, a banalidade deve ser destacada: em cada etapa, trata-se da banalização de motivos e impulsos de origem eclesiástica ou política, teológica ou antropológica. É muito notável que elaborações intelectuais tenham conseguido, ao longo da história, se propagar com uma amplitude tal que constituíram um conjunto de representações populares, incorporadas como evidências naturais tanto na cultura mais banal quanto na mais elevada (por exemplo: Dante, Shakespeare, Kant, Kierkegaard, Marx, Baudelaire, Heidegger).

A banalização pressupõe uma assimilação, uma incorporação íntima, assim como se tornou banal, por exemplo, o uso de um aparelho tão sofisticado quanto o telefone. Ela supõe, portanto, um poder de absorção alimentado por uma energia poderosa. O ódio aos judeus, primeiramente, e, em seguida, a invenção de um Judeu (doravante utilizarei essa designação com maiúscula como índice da figura antissemita do judeu) universal, conspirador e parasita, apelam a um material mais profundo: é necessário que nossa cultura o encubra para que ela seja capaz de produzir um fenômeno tão amplo, constante e irreduzível.

Quando se acusa a expressão "banalidade do mal" de minimizar o mal, é para afirmar o caráter excepcionalmente monstruoso desse mal. Essa monstruosidade é indiscutível. Ao mesmo tempo, sem relativizar em nada o horror da exterminação dos judeus[3] e sem deixar de denunciá-la, é necessário perguntar-se se, consciente ou inconscientemente, não estaria ocorrendo agora uma espécie de banalidade inversa: aquela, justamente, de uma denúncia que serviria como palavra final e que se isentaria de investigar mais a fundo.

Essa espécie de banalidade inversa, que consiste em condenar os fascismos (geralmente junto com outros regimes designados como "totalitários") como o mal absoluto, parece, de fato, em sua repetição incessante, *também* funcionar como garantia de um conformismo intelectual que não deseja buscar mais a fundo. "Investigar mais a fundo" significa aqui: se interrogar sobre as condições de possibilidade oferecidas pelas democracias, pela cultura

3 Nem aquele de outros genocídios, anteriores, contemporâneos ou posteriores – que eu não posso aqui considerar, seja quanto à natureza, seja quanto às possíveis ligações com o dos judeus.

ou pela civilização para essa irrupção brutal. Perguntar-se se ela veio do céu (ou melhor, do inferno) ou se não encontrou suas fontes nas falhas da democracia, do humanismo, do tecnicismo e do economicismo.

A esse respeito, o caso de Heidegger é novamente exemplar: nos apressamos em proclamar que ele é nazista e que toda a sua obra também o é – lendo pouco ou quase nada do que ele escreveu, explicita ou implicitamente, contra o nazismo. Certamente, ele o fez em nome de um "arquifascismo", como dizia Lacoue-Labarthe. Mas esse arquifascismo foi ele próprio tornado possível pelo colapso da filosofia, à época, nas frágeis reflexões a respeito dos "valores". (De resto, a maior parte dos filósofos alemães profissionais alinhou-se de forma bastante banal à ideologia reinante, voluntariamente ou não.)

É totalmente banal repetir o refrão antifascista; mas, para se manter no tema do presente ensaio, seria necessário ao menos questionar como é possível que a banalidade do antissemitismo persista de forma tão virulenta em um mundo supostamente liberto do fascismo. Isso nos leva de volta à questão, ou à suspeita, de uma implicação da execração dos judeus na própria gênese do Ocidente.

2

historial e espiritual

Em 1986, Philippe Lacoue-Labarthe escrevia, em *La Fiction du politique*[1], que o antissemitismo é "historial" e "espiritual". Ele colocava cada um desses termos entre aspas. O contexto era aquele de uma análise da política em Heidegger. Esse livro chamou atenção, mas não tenho conhecimento de que sua qualificação do antissemitismo tenha sido particularmente destacada ou questionada. Como é sabido,

1 Trata-se do livro de Philippe Lacoue-Labarthe, *La Fiction du politique: Heidegger, l'art et la politique*, Paris: Christian Bourgois éditeur, 1987. (N. da T.)

Philippe não sabia nada sobre os *Schwarze Hefte* (Cadernos Negros)[2].

Cerca de trinta anos mais tarde, a publicação dos *Cadernos Negros* sugerirá a seu editor, Peter Trawny, a expressão "antissemitismo historial" para designar o que Heidegger afirma a respeito da natureza metafísica da relação dos judeus com o Ocidente. Uma multidão se levantou contra Trawny, acusando-o de tentar sublimar um antissemitismo na realidade tão banal, vulgar, grosseiro e violento quanto o dos *Protocolos dos Sábios de Sião* (aos quais, no entanto, o próprio Heidegger não deixava de fazer referência). Ninguém mencionou o texto de Lacoue-Labarthe.

Temos aqui um exemplo edificante da inconsistência das opiniões públicas, mesmo sendo elas de comentaristas ou observadores supostamente mais bem informados. Acontece que não sabemos mais ler, por estarmos demasiadamente submetidos ao repetitivo martelar de supostas certezas. Assim, às vezes, só abrimos um olho, e outras vezes, ao contrário, nos armamos de uma lupa inapropriada.

■ ■ ■

2 Jean-Luc Nancy faz referência aqui, especialmente, aos *Cadernos Negros* que começaram a ser publicados pelo editor Peter Trawny em 2014. Essas anotações, Heidegger desejou que fossem publicadas postumamente, apesar de suas passagens incontestavelmente antissemitas. (N. da T.)

Nem um, nem o outro dos dois autores jamais pensou que Heidegger pudesse ser isento do julgamento mais severo no que diz respeito ao antissemitismo. Ambos, no entanto, de maneiras muito diferentes e em contextos bastante contrastantes, julgaram que era necessário levar em conta a inscrição filosófica do antissemitismo (para o que, é importante destacar, Lacoue-Labarthe não precisou de outros textos além daqueles disponíveis na época).

O que sugerem os epítetos empregados em 1986? O primeiro – "historial" – sugere que o antissemitismo pertence a uma estrutura profunda da constituição histórico-metafísica do Ocidente. O segundo – "espiritual", cujo uso é surpreendente em alguém que detestava qualquer tipo de espiritualismo –, que a questão diz respeito às disposições essenciais de uma cultura ou civilização.

O primeiro retoma a frase de Pascal: "sua história compreende, em sua duração, a de todas as nossas histórias"[3], e faz de sua duração o enigma dessa mesma história.

▪ ▪ ▪

3 Jean-Luc Nancy remete o leitor a um fragmento de Blaise Pascal, presente no livro *Pensamentos*, reunido na Série VI da edição Lafuma, sob o título "Vantagens do Povo Judeu". Nessa passagem, Pascal demonstra admiração pela singular duração histórica do povo judeu, que, apesar da passagem do tempo e das perseguições sofridas, conseguiu manter-se vivo, unido e fiel à sua Lei, o que leva Pascal ▸

O segundo demanda o exame desse enigma de outra forma que não a de Pascal, ou a de qualquer outro até os dias de hoje.

Que o antissemitismo não seja simplesmente da ordem do racismo, nem daquele da religião, nem dos problemas sociais, econômicos, políticos e culturais – é disso exatamente que se trata. Ou, em outras palavras: que o antissemitismo não possa ser simplesmente compreendido no registro empírico, mas exija um registro fundamental[4] – "historial" e, portanto, "espiritual"; para nos situar decididamente sob o signo da muito potente intuição de Lacoue-Labarthe[5].

Acrescentemos apenas que as aspas pretendiam sinalizar o caráter insuficiente, até mesmo problemático, dos termos empregados, e a dificuldade de encontrar substitutos para eles. Não há dúvida de que seria preciso, ainda hoje, discutir esses termos. Esse não é o meu propósito aqui. Eu os compreendo da maneira mais simples e direta. O antissemitismo deve ser qualificado

▪ ▪ ▪

▷ a considerar essa perseverança, a qual compreende ser tanto enigmática quanto excepcional, prova da existência de Deus e da intervenção divina em favor da humanidade e da fé em sua Lei. (N. da T.)

4 Transcendental, diria eu, se esse termo não fosse hoje frequentemente malcompreendido.

5 A relação dessa intuição com o conjunto de sua obra e até mesmo de sua vida mereceria, certamente, uma análise.

como "historial" e "espiritual" porque o ódio que o anima encontra sua fonte no coração do complexo espiritual e histórico (poder-se-ia dizer, com pesar, civilizacional) onde o Ocidente se formou. Não daremos conta de um sem desvendar o outro – pelo menos na medida em que se é possível desvendar o que provoca as grandes transformações na história do mundo. Se essa história é ou não um destino, se o "espírito" (enquanto o que se opõe à "matéria") é uma noção discutível, essas são questões para mais tarde.

Por outro lado, deve-se observar que a intuição, cujo ponto central tento captar, difere – salvo engano – de todas as melhores análises dedicadas ao antissemitismo. Limito-me a lembrar as de Adorno e Horkheimer, de Poliakov, de Arendt e de Milner: com toda a sua potência e fineza, seus pensamentos não abordaram verdadeiramente a questão do "historial-espiritual". Não se trata de desaprová-los por isso: era certamente necessária uma longa maturação ou fermentação da própria consciência ocidental para que se começasse a questionar a proveniência do antissemitismo mais antiga e mais profunda do que tudo o que foi explorado no antijudaísmo na história da "assimilação", com suas etapas e múltiplos aspectos, nas teorias conspiratórias e, finalmente, no delírio racista e exterminador. Ainda que todas essas vias sejam necessárias, todas elas apontam para uma origem mais longínqua – no sentido lógico mais do que histórico.

3

autoimunidade

Todas as sociedades, culturas ou civilizações conheceram a inimizade ou a hostilidade voltada a grupos externos. A ideia mesmo de próprio (nativo, familiar) oposta ao estrangeiro (sem vínculo comum, não de casa: em grego, μέτοικος, *métoikos*) não é dissociável da sociabilidade. Todas as sociedades ou todos os povos também conheceram e conhecem em seu próprio seio a discriminação mais ou menos acentuada de certos grupos em benefício de uma ou de algumas classes, castas ou categorias dominantes. Em outras palavras, cada povo – no sentido da identidade de um corpo social que se reconhece como tal – conhece uma pulsão de distinção, ou mesmo de exclusão do outro ou ainda de outros povos (sendo eles mesmos reconhecidos como tais).

A necessidade dessa pulsão não é muito misteriosa, mesmo se a civilização que hoje parece deter o direito de cidadania mundial afirma a necessidade oposta de um reconhecimento mútuo das diferenças. Esse tipo de reconhecimento, no entanto, supõe conter ou superar a hostilidade: ele não nega sua possibilidade. Não seria, portanto, indispensável para um grupo se afirmar enquanto a sua multiplicidade interna torna essa afirmação um desejo mais do que um dado – ou então um dado do qual esse desejo faz parte? Para poder incluir, é preciso também excluir.

As identificações individuais não estão isentas de complexidades semelhantes: ao indivíduo, entretanto, a separação é dada ou imposta. Ao povo, cabe se reconhecer através da diversidade de seus componentes. Certamente, a identidade individual tampouco é totalmente dada. Ela também se deseja. Mas ela se deseja, precisamente, em parte como um desejo de pertencimento a um grupo. O que, justamente, não é o caso do grupo – do contrário, a própria ideia de grupo perderia seu sentido.

Minha intenção aqui não é a de analisar mais a fundo a realidade, extremamente complexa, do grupo, de sua distinção e de sua identificação. É considerar uma singularidade que se destaca do conjunto das complexidades e dificuldades nas relações entre grupos. De fato, apenas uma civilização, aquela que era europeia antes de se tornar mundial no essencial de suas características práticas, conhece, quase desde a sua origem, uma exclusão interna que se renova incessantemente há 22 séculos: o desprezo pelo povo judeu, cuja forma moderna leva o nome de "antissemitismo".

O antissemitismo se singulariza em três aspectos: por um lado, por ser até aqui inalterável; por outro, por ter suscitado a exterminação dos judeus da Europa por um regime (ajudado por outros) que fazia da superioridade absoluta de uma suposta "raça ariana" a verdade metafísica e, portanto, também política do mundo; por fim, porque ele designa o judeu menos como um estrangeiro do que como um agente pernicioso no interior do grupo e da civilização à qual pertence. O judeu é, no mínimo, uma aberração e, no máximo, uma ameaça incluída no conjunto do qual faz parte.

O Judeu não é nem outro grupo, nem um membro do grupo. Ele faz, entretanto, parte do grupo, mas como um órgão patogênico pode fazer parte de um corpo que ele infecta ou ao menos ameaça infectar. O Judeu ocupa a posição de um agente autoimune: ele se volta contra a imunidade do próprio corpo ao qual pertence. Assim como hoje se aceita que existe uma autoimunidade latente em todos os vertebrados, também o organismo europeu – que se tornou "ocidental" – possui uma constituição autoameaçadora. Essa necessidade perigosa conduz a conferir ao povo judeu um caráter de destino: qualquer que seja o motivo, ele está destinado ao seu próprio infortúnio (Ahasverus), assim como ele está destinado a causar o infortúnio dos outros (Süss)[1].

■ ■ ■

1 Ahasverus é uma figura clássica do folclore cristão medieval, que caracteriza o judeu como o "Judeu Errante". A história, com suas diferentes versões, descreve Ahasverus como um judeu que rejeita Jesus como divindade em seu caminho para a crucificação, sendo condenado, por isso, a vagar pela terra até o fim dos tempos. Essa figura, marcada pelo destino de seu infortúnio e condenada, por sua rejeição a Jesus, ao exílio perpétuo, aparece em uma série de personagens da literatura europeia. *Süss*, por sua vez, refere-se, provavelmente, ao filme *Jud Süss* (**Judeu** Süss), de 1940, dirigido por Veit Harlan e utilizado como propaganda nazista. Trata-se de um filme que retoma a história e a lenda de Joseph Süss Oppenheimer, o judeu da corte que cuidava das finanças do duque Carlos Alexandre de Württemberg, no século XVIII, acusado de corrupção e traição, e executado em 1738. Sua história foi transformada em narrativa sobre os infortúnios do judeu. No filme de Veit Harlan, por sua vez, Süss é fortemente marcado como figura socialmente perigosa e traiçoeira, dada sua (suposta) inerente imoralidade. (N. da T.)

4

extermínio

O que o estado atual das ciências biológicas permite metaforizar em termos de imunidade não tem nada de biológico, evidentemente, tampouco eram científicas as considerações sobre raça e evolução pelas quais o século XIX nacionalista, imperialista e cientificista transformou o antijudaísmo em antissemitismo. Profundamente, quase nada mudou: revestiram-se com trajes modernos aquilo que, é preciso dizer novamente, pertence à própria origem da nossa civilização.

Certamente, o antissemitismo moderno colocou em agitação energias particularmente abomináveis e aterrorizantes. Ainda é necessário compreender de que se constitui essa particularidade. Muitas discussões ocorreram em torno da natureza específica ou não, incomparável ou até absolutamente única ou não, do extermínio que hoje designamos, pelo menos na Europa, pelo termo hebraico *schoá* (ruína, aniquilação), enquanto prevalece entre os anglófonos a palavra *holocausto*, cujo original grego designa o sacrifício integral de um grande número de vítimas (animais). Em ambos os casos, o substantivo comum tornou-se um nome próprio, dotado, em francês, de uma letra maiúscula.

Quando se opta por manter um substantivo comum, tal como "extermínio", para evitar todo tipo de santificação ou sacralização, não deixa de ser necessário completá-lo com uma ou outra forma do substantivo "judeu" (os judeus, o povo judeu), ele mesmo especificado pelo pertencimento à Europa. É preciso também lembrar que esse povo não foi o único a se encontrar nessa situação e que o destino do povo cigano lhe é próximo em mais de um aspecto (caráter étnico e oriental, história antiga, independência em relação às nações, exclusão social). Os ciganos, no entanto, não representam uma continuidade de pertencimento religioso nem têm uma implicação comparável na história do Ocidente nascente, mesmo que testemunhem um distúrbio europeu de natureza análoga. Aliás, poderíamos prolongar essa última observação para considerações sobre outro grupo étnico visado pelos nazistas como uma raça inferior (os eslavos), e também sobre grupos que foram vítimas dos campos nazistas por razões não "étnicas": como homossexuais, comunistas, Testemunhas de Jeová poderiam apresentar analogias com os judeus? Sob certos aspectos, eles não apresentam mais do que sua distância em relação à ordem estabelecida. No caso dos comunistas ou outros socialistas, acontece de esses indivíduos serem, às vezes, judeus (eles carregam um duplo distintivo no campo). Em todos os casos, são desprezados por sua inferioridade, perversidade ou até morbidez. Mas tudo se passa como se o modelo ou matriz da estigmatização tivesse sido desde o início fornecida pelo judeu pérfido e deicida, antes de integrar outros traços distintivos.

Não se pode esquecer tampouco que o duplo genocídio, judeu e cigano, foi precedido por eventos nos quais é difícil não distinguir traços precursores: primeiro, as práticas genocidas e concentracionárias dos ingleses, de um lado, e dos alemães, de outro, na África do Sul, em seguida, os genocídios armênio e assírio. O que, apesar das consideráveis diferenças, pode ser considerado precursor diz respeito às características de organização sistemática de empreendimentos de extermínio de povos ou populações. É possível encontrar, evidentemente, predecessores desses próprios precursores, uma vez que a hostilidade de grupo contra grupo é imemorial; mas o século XX deu a essa hostilidade características de racionalidade teórica (racismo) e prática (planejamento), assim como traços ou álibis de produtividade industrial, através dos quais a hostilidade de grupo se transforma em uma tendência à dominação do mundo pela civilização da indústria e da programação.

Essa tendência à dominação busca suprimir tudo aquilo que não pode transformar à sua conveniência. Tudo que, em seu caminho, faz obstáculo ao seu programa – a lentidão, o peso, a doença, a morte, a ignorância, a fraqueza, a malignidade, a nocividade – deve ser superado ou transformado. O traço distintivo do antissemitismo, em relação a qualquer outro racismo, é que ele encontra ou delineia com "o Judeu" uma figura que congrega todos os obstáculos para o crescimento da dominação. Nesse sentido, a hostilidade antissemita está bem distante da hostilidade racista: ela resulta menos de uma relação entre grupos do que da relação de uma potência, que se pretende superior a todos os outros grupos, consigo mesma. Universal até o cosmopolitismo, a Europa rejeita aqueles que mantêm sua particularidade: no entanto – ou, talvez, em consequência disso –, o judeu apátrida também é o inimigo de uma saudável e bela aliança das nações.

5

onipotência

Essas considerações reconduzem à própria diferença da exterminação dos judeus. Ela se opera no interior e do interior da Europa, e, se essa característica também pertence aos genocídios armênio e assírio, estes últimos, por outro lado, não remontam a todo o passado da Europa até a plena Antiguidade. A estigmatização e a perseguição dos judeus, por outro lado, se encontram ao longo de todos os acontecimentos e em toda a extensão do que foi inventado, propagado e imposto a partir do núcleo romano.

Como se sabe, esse *núcleo* fundiu três minerais: o *logos* grego, a técnica latina e o monoteísmo judaico. Essa liga se chamou cristianismo e imperialismo. Ou seja, uma estrutura dupla ordenada ao infinito: o infinito em ato de uma Onipotência divina e o infinito em devir de um pleno domínio do mundo.

Não se presta jamais suficiente atenção à fina alquimia dessa liga. A potência infinita lhe dá a liga: no céu e sobre a terra, trata-se apenas dele. Logos, técnica e deus revelado constituem seus três aspectos principais. Todas as outras culturas separam claramente os poderes dos deuses e as obrigações dos homens. Nossa cultura dispõe de um universo inteiro de potência, no qual a energia divina se comunica aos homens, que a reproduzem recriando o mundo.

A mundialidade aqui é o fenômeno decisivo: um mundo emerge com Roma, o direito, o urbanismo e o acampamento militar, o qual engloba as realidades locais e suas formas de pertencimento. A partir de Roma, um "povo" nunca mais terá o sentido exclusivo de uma autoctonia. O povo romano se dá a sua medida na representação de uma amplitude comum e tendencialmente ilimitada.

Essa medida comum integra, do logos grego, o caráter de autossuficiência: a certeza ou a vontade de prestar contas (ou atribuir razão) e de dar conta de tudo, a partir de si mesmo (o cálculo, a palavra, a lei, o poder). A razão grega, contudo, reenvia desde si mesma ao para além de si mesma ("para além do que é", diz Platão[1]). Sua autonomia não prescinde da heteronomia desse "além". Ele assume no pensamento grego a forma da desqualificação dos deuses e de seus mitos, abrindo a possibilidade de indicar um divino único, transcendente a todas as formas de divindade (Platão não é o único a invocá-lo).

Roma ignora essa transcendência. Ela se torna assim, tão logo sua própria potência se põe a ultrapassá-la, o lugar de uma inquietação e agitação espiritual, da qual dão testemunho as abundantes preocupações dos filósofos, as excitações dos magos e as iniciações aos mistérios. A onipotência que deu partida ao seu movimento experimenta uma demanda de si maior do que sabe fornecer.

Durante esse tempo, algo acontece fora da Grécia e de Roma – não muito longe, porém, e suficiente cedo algo começa a se espalhar ao redor do Mediterrâneo. É o acontecimento judaico. Como o acontecimento grego, ele

■ ■ ■

1 Jean-Luc Nancy faz referência aqui, muito provavelmente, à passagem da *República* de Platão (509b), na qual Sócrates afirma a existência do Bem – da Ideia ou Forma do Bem – como algo que está para além do que é, ou seja, para além do ser e do que é cognoscível. Em grego, Platão utiliza a expressão ἐπέκεινα τῆς οὐσίας (*epekeina tēs ousias*), que pode ser traduzida – como bem escolheu Jean-Luc Nancy – por "para além do que é". (N. da T.)

provém da queda de todo aquele mundo anterior formado pelos impérios e sistemas palacianos. Mas ele representa uma espécie de reverso da autossuficiência: inventa uma forma inédita de pertencimento.

Poder-se-ia arriscar a dizer: o mundo greco-romano devia e queria pertencer somente a si mesmo. Ele se esgota e se perde em si mesmo. Ele precisava de um outro pertencimento – mas um que, apesar de tudo, lhe restituísse de alguma maneira sua autossuficiência. É isso que acontece com o cristianismo. Um sujeito descentrado reencontra a confiança em si mesmo através da confiança em uma onipotência inabalável. *Interior intimo meo et superior summo meo*[2].

---

2 Referência à passagem de santo Agostinho em *Confissões* (Livro III, 6, 11): "mais interior do que meu íntimo, e mais alto do que meu cume". Tradução de Lorenzo Memmi. São Paulo: Companhia das Letras, 2017. (N. da T.)

6

revelação

Na Idade do Ferro, da escrita alfabética e das cidades, os deuses se retiraram do mundo grego – o qual estando plenamente consciente mobilizava todos os seus recursos para enfrentar esse afastamento. A política, a arte figurativa, a tragédia e a filosofia são produtos e testemunhos desse dispêndio de energia. Cada uma dessas esferas, assim como as distinções entre elas, constitui um aspecto da transformação em que se opera uma suplência ou substituição do divino. Os deuses nomeados, identificados e caracterizados dão lugar a um registro divino inominável e informe (nem antropomórfico nem zoomórfico, amorfo). Já antes de Platão, alguns gregos consideravam que os deuses mitológicos eram ficções e que havia um deus só e incognoscível.

O sagrado, enquanto região do mundo – sobre as montanhas, nas nascentes etc. –, apaga-se lentamente ao mesmo tempo que sua ligação com os homens: o sacrifício – e, antes de tudo, o sacrifício humano. Duas anulações ou sublimações – certamente diferentes – desse sacrifício humano se oferecem nas duas bordas de nossa origem: o sacrifício de Isaac e o de Ifigênia. Mais tarde, duas vidas se deixarão imolar segundo dois modos de assunção ou purificação da violência sacrificial: Sócrates e Jesus.

Da mesma maneira, segundo uma espécie de simetria desalinhada, dois deuses únicos absorvem o divino em um afastamento incalculável: no que se chamará mais tarde de transcendência. Na verdade, sua unicidade reside menos no número do que em uma exclusividade essencial: os outros deuses não são deuses. Eles não são dignos disso.

O divino é excluído do mundo, de suas figuras, de suas forças, de seus afetos. Ou, antes, é assim que se inventa um mundo sendo o de aqui abaixo distinto de um para além. Produz-se uma espécie de exclusão ou expulsão do interior do mundo, no qual deuses, humanos, seres vivos e matérias inertes viviam uma vida comum.

Mas o fenômeno assume duas maneiras muito diferentes. De um lado, trata-se de discernir a forma verdadeira das coisas. É uma questão de direção e acomodação do olhar. As formas verdadeiras são chamadas de *ideias*, ou seja, aspectos, formas oferecidas ao olhar. Do outro lado, é tudo diferente: trata-se de um chamado que se faz ouvir. Ele demanda que o escute, aquele que diz *schemá* [שְׁמַע], em hebraico "escuta", e, claro, ele se dirige a alguém, que ele chama de *Israel*.

Porque o chamado surge de alhures e o que aquilo que ele deseja fazer ouvir é novo, falou-se mais tarde de "revelação", mas é preciso bem compreender que o revelado aqui é, antes de tudo, o revelador: a voz que chama, que se declara e declara o que seu chamado exige[1].

■ ■ ■

1 Seria necessário deter-se sobre o caráter, em linhas gerais contemporâneo, dos fenômenos que, na Ásia, são assinalados pelos nomes de Sidarta Gautama, de um lado, e de Lao-Tsé, de outro. É inevitável notar analogias, apesar das importantes diferenças. Também seria necessário passar pelo zoroastrismo, cujas relações de filiação com o cristianismo, por meio do maniqueísmo, são conhecidas. É certo que o conjunto desses fenômenos, ao longo do primeiro milênio antes da nossa era, indica um tempo de transformação antropológica para uma parte não negligenciável da humanidade. De maneira análoga, seria necessário deter-se sobre as hipóteses históricas ou proto-históricas a respeito da formação do povo hebreu a partir de populações de escravos em fuga de impérios em vias de colapsar. Tudo isso ultrapassa os limites de um breve ensaio.

Seria necessário analisar longamente como os dois lados chegaram a se unir quando o Deus de Israel foi reinterpretado como *logos* – ou seja, no cristianismo. Mas o que deve importar aqui é a muito singular conjunção e disjunção dos dois lados de um fenômeno que – ao longo de alguns séculos – envolveu uma completa mutação do mundo mediterrâneo, a partir da qual se abria a história do mundo nos dois sentidos da palavra, *mundial* e *mundano*. De todo modo, o fenômeno que aí se produziu teve dois aspectos muito heterogêneos e se concluiu, por assim dizer, em uma síntese que deu início à história ocidental.

O que é comum ao lado grego e ao lado judeu é a destituição dos deuses e do sagrado. Trata-se também de um acento antropológico profundamente novo: em vez de estar inserido em uma ordem de potências sagradas, o homem se encontra, de um lado, em capacidade de autonomia diante de seus pares e com eles (os "homens livres"), e, de outro lado, em responsabilidade diante de um chamado vindo de um Todo-alhures.

Dos dois lados, há como que uma emancipação: o saber se revela presente no escravo de Platão (que, nesse aspecto, se encontra emancipado), enquanto o chamado lançado a Israel também é aquele que o fez sair da escravidão. Seríamos tentados a dizer que se produz uma revelação comum: a do homem, do homem liberto de todos os seus pertencimentos hierárquicos, em todas as acepções da palavra (o sagrado, o seu poder, a ordem social baseada nele, o pertencimento e a dependência antes de qualquer forma de independência ou até mesmo sem nenhuma independência). Evidentemente, a realidade não pode ser reduzida a esse esquema, sobretudo na longa duração dos séculos ao longo dos quais essa mutação se produziu. Mas ela se produziu e, longe de se tratar, com o cristianismo, do aparecimento de uma nova religião, é ao nascimento de um novo homem que se assiste.

Enfim, a revelação é tanto menos religiosa quanto mais se distingue do regime mitológico: a *Bíblia* não é uma coleção de mitos, mesmo que ela se assemelhe a eles em certos aspectos (e sobretudo no livro do *Gênesis*). Ela é o relato da Aliança a partir do que a precedeu – e que já contém uma interpelação inicial de YHWH ao homem[2]. (O caráter não mitológico do judaísmo

2 YHWH é a transliteração das quatro letras hebraicas יהוה (Iod-He-Vav-He), conhecidas como o Tetragrama Sagrado, que representam o nome de Deus no judaísmo. Esse nome é considerado extremamente sagrado e, assim sendo, não é pronunciado pelos judeus. Sendo geralmente substituído, em leituras e orações, por **Adonai** (Senhor) ou HaSchem (O Nome). (N. da T.)

foi várias vezes destacado por Lacoue-Labarthe. Esse era, para ele, um motivo de grande importância, que ele compartilhou, em particular, com Blanchot[3].)

Como, então, não notar que o *logos* também implica a rejeição dos mitos? Certamente, os dois movimentos são distintos em muitos aspectos, mas o mito, designado por Platão como mentiroso e desprovido de seriedade, apresenta características do "ídolo" tão fortemente condenado no judaísmo.

3 Ver, por exemplo, de Maurice Blanchot, Être Juif, em *L'Entretien infini*, Paris: Gallimard, 1973. E, por exemplo, de Philippe Lacoue-Labarthe, La Séparation, c'est le commencement, em *La Réponse d'Ulysse et autres textes sur l'Occident*, Paris: Lignes/Imec, 2012. (N. da T.)

7

incompatibilidade

Ao mesmo tempo, todavia, os dois lados desse novo homem não são compatíveis. Um é o homem livre da cidade, o outro é o interpelado pelo chamado. Um se apresenta como autônomo, o outro como heterônomo. Um é destinado a difundir seu modelo (universal por definição), o outro é destinado a se preservar em sua resposta ao chamado. Essa incompatibilidade não se instala apenas entre os povos: é legítimo pensar que ela estrutura o novo homem.

Não é por acaso que Paulo proclama a abolição das diferenças entre escravo e homem livre, homem e mulher, judeu e grego: o voto cristão apenas confirma aquilo que deseja superar. Sem dúvida a incompatibilidade não reside apenas na distância entre duas postulações – a da heteronomia e a da autonomia –, mas em uma realidade profunda, bem mais complexa, que faz com que os dois lados, de algum modo, se chamem um ao outro – e, por isso mesmo, tendam a se repelir. A autonomia não pode ser integral se o sujeito autônomo deve, em última instância, se referir a um fora de sua própria esfera, a um "bem" que se encontra "além do que é dado" ou a uma verdade cuja instância última é tão cegante quanto o esplendor do sol ou da morte. A heteronomia, por sua vez, só tem valor, segundo o chamado, na resposta por meio da qual o sujeito se torna ele mesmo, ainda que seja respondendo, como Abraão, àquilo que não pode compreender nem admitir. Ele se constitui no seu abandono confiante.

Toda a história ocidental do pensamento e da espiritualidade terá sido trabalhada pela complexidade inacabável, indecidível dessa divisão e dessa contradição internas ao novo homem. O cristianismo representou o esforço prodigioso de assumir e superar essa oposição: ele colocou o deus no homem e prometeu o homem à vida divina. Daí como o mundo romano, enredado em si mesmo, desorientado por sua própria expansão e sua própria potência, pensou encontrar uma saída naquilo que, ao mesmo tempo, conduzia-o para fora de si.

No momento em que o judaísmo se metamorfoseia em cristianismo – um momento que se estendeu por alguns séculos –, era, sem dúvida, difícil de evitar que se produzisse aí uma ruptura na própria continuidade. O chamado era nominativo: Abraão! Israel! Não foi preciso esperar o cristianismo, essa nomeação já havia irritado outros povos, pelo seu ar de exclusividade. Ridicularizou-se Israel (por exemplo, imputando-lhe um culto ao asno, o que se renovou mais tarde contra os cristãos). Teria sido necessário muito tempo para que o motivo da eleição viesse a ser pensado, no cristianismo, mas também no interior do próprio judaísmo, como aquele de uma escolha dirigida a todos através de um só. Porém, mesmo isso talvez não seja suficiente para superar a oposição entre o "um" e o "todos": se o deus do um deve ser o de todos, ele só pode sê-lo sendo, cada vez, o deus de cada um (povo ou indivíduo).

Dessa maneira, verificou-se uma incompatibilidade que não derivava da ordinária exclusão recíproca entre os povos. Essa opera em um modo centrífugo: cada um repulsa o outro, enquanto Israel tende, ao contrário, a se retirar dos *goim* (גויים) – termo cuja tradução por *ethnē* (ἔθνη) e, posteriormente, por *gentiles* mostra que foi compreendido no sentido de um pertencimento ao mesmo tempo de procedência e de instituição[1]. Ora, o povo hebreu possui sua procedência e sua instituição em si mesmo, por meio de seu chamado, de um tal modo que nenhum outro lhe é comparável. É por isso que ele apareceu, desde o início, como um estranho, no qual se trata bem menos de um tal ou tal "deus" do que da relação integral do homem ao divino[2].

Isso quer dizer, então, que sua heteronomia lhe confere uma autonomia singular: uma independência de todo pertencimento que não seja aquele de sua resposta, ou seja, de sua fidelidade. Poder-se-ia dizer que a Revelação, como a de um deus, também é a revelação daquele que responde ao chamado, a si mesmo. Nessa revelação, ele se exclui do pertencimento

■ ■ ■

1 A palavra hebraica *goi*, que significa "nação", é geralmente utilizada no plural como *goim* (גויים) e empregada na *Torá* – mas também entre os judeus de forma geral – para designar um indivíduo, um grupo ou uma nação de procedência diferente da do povo judeu. Essa palavra foi traduzida para a *Bíblia* grega como *ethnos* (ἔθνος) e, posteriormente, para a *Bíblia* latina como *gentiles*. (N. da T.)

2 Para me limitar a duas referências filosóficas contemporâneas de maior importância, lembro que tanto Theodor Adorno como George Steiner, perceberam claramente que o "monoteísmo" constituiu, inicialmente, uma intrusão dificilmente suportável para o mundo mediterrâneo. Poder-se-ia dizer: a intrusão em si da exclusão de si.

em geral: ele pertence àquilo que o retira do pertencimento. Isso também é o que se entende na fórmula de um filósofo que fala de um "pertencimento sem pertencimento" à sua judaicidade de origem (Derrida[3]).

A incompatibilidade manifesta-se, de certa forma, interna a um tal sujeito. É até mesmo tentador afirmar que é exatamente daí que provém o que se chamou de "sujeito" desde Hegel: a não identidade consigo mesmo daquilo que não repousa em si (a "substância"), mas se sustenta no outro (seja ele quem for). Não nos surpreenderá ouvir Freud declarar que seu próprio pertencimento judaico lhe resta tão enigmático quanto inegável.

Há qualquer coisa como uma exclusão interna, uma exclusão incluída na estrutura que assim se elabora. E mesmo que essa elaboração responda à profunda mutação das relações de pertencimento da qual também emerge a cidade grega, a exclusão interna, em contrapartida, permanece fundamentalmente estranha à disposição segundo o *logos*, pois esse último

3 Jean-Luc Nancy se refere aqui, certamente, ao seu amplo conhecimento do trabalho de Jacques Derrida, mas, em particular, a um texto em que Derrida reflete atentamente sobre sua posição em relação à judaicidade, apontando também que talvez esteja aí algo a se pensar a respeito da condição judaica. Ver **Abraham, l'autre**, em *Le Dernier des Juifs*, Paris: Galilée, 2014. (N. da T.)

retorna a si mesmo lá onde ele designa um além que chama de “deus” ou “bem”. Retorno a si ou exposição ao fora: a incompatibilidade encontra-se aí, no coração daquilo que reúne os dois lados da mutação dos primeiros séculos de nossa era.

8

judeu-cristianismo

Se essa incompatibilidade já produz alguns efeitos reativos no próprio mundo greco-romano – cuja máxima, se poderia dizer, continua sendo a postulação de uma compatibilidade, até mesmo no âmago de seus maiores avanços rumo ao incomensurável (seja ele matemático ou territorial) –, não deixa de ser com o cristianismo que aparece uma hostilidade ao judaísmo, que se pode chamar de constitutiva ou estrutural. E é também no cristianismo que se encontra o fermento de uma nova civilização.

Pode-se distinguir duas motivações iniciais do antijudaísmo. As duas – por assim dizer – são passionais.

A primeira paixão é precisamente a da compatibilidade. Como foi dito, o cristianismo é o produto de uma energia prodigiosa consagrada – é o caso de dizê-lo – a tornar possível a existência desprovida de pertencimento aos deuses, ao sagrado, às forças[1]. É necessário o acordo entre todas as coisas, e esse motivo, retomado do mundo grego, encontra-se agora carregado de uma força afetiva: o amor cristão, esse amor que é deus ele mesmo, representa a vontade desesperada de resistir àquilo que é percebido como um deslocamento do mundo.

Sem dúvida, o mundo proveniente das transformações do século XII a.C. (época do colapso dos impérios do Oriente Médio) é um mundo que se encontra desafetado nos dois sentidos do termo: sem uso e sem paixão. O Eros de Platão vai consagrar sua paixão à Beleza – à harmonia, à compatibilidade; enquanto a

■ ■ ■

1 Não me detenho no fato de que, em todos os aspectos, o cristianismo também reconstitui todo um conjunto, propriamente religioso, de garantias, intercessões e proteções divinas ou hagiológicas. Ele próprio se dividirá nesse aspecto durante a Reforma, outra forma de dividir novamente o sujeito, ou até mesmo de reinventá-lo em um agravamento de sua cisão interna. Em relação a essa última, o judaísmo aparecerá menos sob o julgo da exposição ao chamado e mais da incompreensão da verdadeira mensagem – incompreensão que agora vem acompanhada de um caráter abominável, cínico, hedonista e diabólico, cuja construção fantasiosa diz muito sobre os demônios que fervilham no bom cristão.

philia na cidade ou voltada à *sophia*, carece provavelmente de força (assim como sempre carecem de força nossa "fraternidade", nossa solidariedade, o nosso "viver-juntos").

O mundo da virtuosidade lógica e da proeza técnica carecia de paixão. O amor cristão era inesgotável. A "caridade" designa o reconhecimento de um valor inestimável àqueles que se ama. Esse amor, por sua vez, vem do judaísmo. Ele está ligado ao chamado, é um de seus aspectos: os deuses nunca pediram, nem propuseram o amor; no máximo, ocasionalmente eles se uniram às mortais ou aos mortais. O amor muda de natureza – ao menos em parte – porque se dirige ao outro enquanto outro e se confunde, com isso, com o que nomeia de "fé" – fidelidade à alteridade do outro. O amor grego, poder-se-ia dizer, altera profundamente o amante, mas não se dirige, no amado, ao outro inestimável e insondável.

Quando o amor se torna ele mesmo Deus, ele tende a identificar o outro e, portanto, a reduzir sua alteridade. O cristianismo se arrisca a uma assimilação do outro ao mesmo: *interior intimo meo et superior summo meo*[2], a famosa expressão de Agostinho contém a proeza – e a

2 Ver supra, nota 1, p. 49. (N. da T.)

promessa – de uma passagem de um ao outro, de uma compatibilidade infinita dos infinitamente incompatíveis.

Do judaísmo, o cristianismo recusa a distância através da qual o chamado é lançado. Ele a recusa com paixão, tanto lhe importa, no fundo, uma abolição de todas as distâncias, uma imediatidade (fruto de uma mediação), segundo a qual pode ser vislumbrada a reconciliação final de uma vida eterna. Por esse primeiro motivo, o judaísmo se torna objeto de desamor.

A segunda paixão é mais devastadora. Judaísmo transformado, passado por uma elaboração grega que, no entanto, sequer chegou perto de apagar os traços distintivos de sua origem, o cristianismo está carente de autoafirmação. Qualquer que seja seu gênio, ele se sabe *tributário do judaísmo*, e de maneira muito direta, pois ele não é inicialmente, e por um longo período, mais do que uma forma ou uma ramificação do judaísmo. Ele também é *tributário dos filósofos*, ele é, aliás, por vezes designado nessa época como uma "filosofia". No entanto, a filosofia é um alimento assimilável. Com a fé é diferente. A fé é, antes de tudo, confiança sem garantias. A elaboração dos dogmas cristãos – encarnação, ressurreição, redenção, trindade – recorre simultaneamente aos recursos da especulação e àqueles do mistério. Se a fé cristã reconhece aqui e ali marcas de sua origem, isso apenas a incita a se afirmar ainda mais como autônoma.

Em realidade, a tensão entre autonomia e heteronomia se renova nesse plano. O cristianismo quer se fundar por si mesmo – enquanto grego e romano. Mas, enquanto judeu, ele deve se separar de sua origem e, para isso, declarar que os judeus não reconheceram o verdadeiro Messias. Eles são, portanto, no mínimo limitados, quando não perigosos, e, além disso, culpados por sua cegueira.

A hostilidade em relação ao judaísmo – o que significa imediatamente "em relação aos judeus", já que o povo está intrinsicamente ligado à sua Aliança: *ele é o povo de seu deus, enquanto até então os deuses eram deuses de seus povos* – torna-se assim uma dimensão do cristianismo. E como essa hostilidade visa um povo já diferenciado entre os "gentios", ela buscará sobrecarregar esse povo – indistinguível de sua fé – com traços étnicos e morais, muito antes que as raças fossem inventadas.

Durante séculos, os judeus serão vistos, no melhor dos casos, como infelizes extraviados, distantes do verdadeiro Deus, e, no pior, como pérfidos obstinados em combatê-lo. Os cristãos desejarão, no mínimo, sua conversão – tantas vezes esperada pelos espíritos mais elevados – e, no limite, seu desaparecimento. Bastará forjar a ideologia ariana, para ir até esse limite, e substituir assim toda transcendência (incluindo a cristã e a metafísica) pela imanência de uma dominação tecno-mitológica. A singularidade do extermínio dos judeus na Europa não reside, em primeiro lugar, na violência empregada – a amplitude das violências do século XX e, depois, do século XXI, é um corolário do que se chama "Antropoceno": um mundo onde o homem se encontra sozinho face a si mesmo, tanto nos céus quanto nas profundezas dos oceanos, nas geleiras ou nas minas de lítio. Sua singularidade está ligada a toda uma história e a toda uma cultura de pretendentes a se refundar se autoliquidando.

Como se eles houvessem compreendido que a contradição íntima que os funda e os anima pudesse atingir um ponto extremo em que se admite: o novo homem não adveio, o tempo do "último homem" (Nietzsche) chegou. É preciso pôr um fim a essa contradição (e, portanto – é necessário repetir isso –, também ao cristianismo), assim como, no fundo, a tudo o que não seja força e dominação desenfreadas, sem consideração por qualquer forma de autonomia ou heteronomia, e menos ainda pelo seu conflito secreto[3].

■ ■ ■

3 Não posso me deter aqui no paralelo contrastante que seria necessário traçar, no que diz respeito ao antissemitismo, com a outra empresa dita "totalitária". Na empresa autobatizada "comunista", trata-se, sobretudo, de não admitir, em benefício de um Estado superpoderoso, qualquer espécie de disparidade, contradição ou incompatibilidade. Ao que se soma o antissemitismo, antigo e virulento, da Rússia ortodoxa.

9

ódio de si

Essa solidão do homem consigo mesmo – solidão de um ser que não sabe nem quem é, nem o que faz, nem o destino do universo que habita – forma o mais notável produto da civilização que teve início sob o triplo auspício grego, judaico e romano. A própria produção dessas entidades ou dessas figuras – grego, judeu, romano – já representa o produto de uma mutação tão pouco explicável quanto todas as outras que marcam a longa duração do mundo. A emancipação e, em seguida, o isolamento do "homem" são desprovidos de razões.

Tampouco é possível explicar verdadeiramente o surgimento da Europa e, depois, do Ocidente, que em poucos séculos nos levou a uma desorientação mundial, cujo espírito – se não o destino – parece ser moldado por uma desumana solidão do homem.

Ao menos não nos é impossível discernir esse traço que lhe é característico: a Europa – ou o Ocidente, que aqui podem ser sobrepostos – gerou-se por uma conjunção que também era, ao mesmo tempo, uma contradição: o sujeito simultâneo de sua própria autonomia e de sua, não menos própria, heteronomia (a menos que seja mais justo dizer: o sujeito de sua propriedade e de sua impropriedade). Esse tipo é aquele que acabamos por nomear de "o sujeito", seja com valor jurídico, psicológico ou metafísico.

Sua constituição dupla implica que um lado de si repulsa o outro. Negação ou denegação, o sujeito – ou o europeu – não quer absolutamente saber de um de seus lados ou de sua própria dualidade. Esse conflito interno não o impede de ser empreendedor e produtivo. Pelo contrário, é nessa contradição interna que ele encontra o recurso para a potência empresarial e produtiva que o caracteriza: a autonomia exige tornar-se mestre e possuidor da natureza, enquanto a heteronomia exige conduzir a empresa na direção de um ideal que o comanda (um cumprimento, um pleroma sobre-humano). Cada nova exigência não cessa de desqualificar a outra.

A incompatibilidade entre os dois lados – somada à potência mais visível e operativa da autonomia – suscitou o fenômeno, talvez único, da exclusão interna de um representante do segundo lado: o Judeu. Um representante singular – e, portanto, de imediato colocado à parte, pois é pelo viés da singularidade que o Judeu se distinguiu, ou até mesmo se inventou.

Na mesma medida em que o Judeu se retrai das "nações", ele é delas excluído. Isso não forma uma outra nação. Trata-se, antes, poderíamos dizer, de uma nação sem nacionalismo, isto é, não fechada sobre sua própria força e grandeza, desde o início destinada a uma "responsabilidade supranacional" (tomo essas palavras e esse conceito emprestados de Martin Buber, em seu discurso de 1921[1] intitulado "Nacionalismo"[2]). Isso forma, em todo caso, uma exclusão interna. Toda a história dos judeus da Europa, das diversas formas de sua relegação social e de seu detrimento moral, provém daquela mutação inicial. Ao formar o sujeito – ou ao se formar

■ ■ ■

1 Jean-Luc Nancy refere-se aqui ao discurso proferido por Martin Buber em 5 de setembro de 1921, no XII Congresso Sionista, que teve lugar em Karlsbad. (N. da T.)

2 É a partir desse ponto que seria necessário retomar, daqui em diante, as questões delicadas e complexas em torno do Estado de Israel, cuja gênese – é necessário lembrar? – é indissociável do antissemitismo.

como sujeito –, a Europa o dividiu em uma parte luminosa e em outra obscura, entre uma conquista do mundo e um desamparo crescente diante dessa mesma conquista.

Como se sabe, Rousseau é figura maior na inflexão da razão em dúvida sobre si mesma. Não é por acaso que ele seja também um dos raros admiradores da longevidade e da constância do povo judeu ao longo de tantas eras e diante de tantas possíveis causas de desagregação. Após ele, pelo processo complexo, senão perverso, que estrutura toda essa história, começar-se-á a designar os judeus como agentes da degeneração europeia.

O antissemitismo é "historial" e "espiritual" porque é congênito a uma história que acabou por perder seu próprio sentido ou sua própria razão, precipitando a autonomia que alimentava sua energia na dúvida e no desespero. O Judeu servirá como bode expiatório para tudo aquilo que, há muito tempo, essa história sentia, ou ao menos pressentia, como seu impasse. Ele será carregado de todo o ódio de si que a Europa ou o Ocidente modernos não cessaram de ruminar: ódio ao dinheiro, ódio ao poder, ódio à democracia, ódio à técnica – todos acompanhados, é claro, de um amor equivalente e, portanto, inevitavelmente infeliz.

As Igrejas cristãs frequentemente ilustraram essa ambivalência.

Na história da Europa mediterrânea, o islã pode servir como um contraponto: tanto quanto está ligado à história ocidental, ele dela se distingue pela distância que tomou, desde cedo, em relação ao projeto da racionalidade europeia (ainda que, muito mais tarde, ele tenha à sua maneira se juntado a ela). Ora, o islã não conheceu o antissemitismo, pelo menos não segundo o modo cristão-europeu[3]. Ele não fez disso um traço permanente, nem uma obsessão de sua história. Somente a criação do Estado de Israel, sob os auspícios da Europa, desencadeou uma hostilidade sistemática. Mas o islã não precisou se afirmar contra uma procedência. Ele se comportou como um sucessor independente, e não como um filho ou um irmão mais novo tomado de inveja.

3 Ver supra nota 1, p. 25. (N. da T.)

10

mutação

Se produz com frequência na paranoia que uma ameaça nascida de si se transforme em ameaça de um outro – presente, visível e audível – que deseja meus bens, minha pessoa ou minha imagem. O sujeito europeu comportou-se de modo paranoico em relação a Israel, que era um de seus pais ou seu irmão mais velho. Seu si exclui, em si mesmo, aquilo de si que se refugiou na concepção inédita – chamada de Deus único – de uma heteronomia escolhida, decidida e responsável. Colocar fim a essa exclusão não poderá ocorrer sem uma considerável mutação daquilo que entrou na história sob o nome de Europa e depois sob o de Ocidente – o qual, por sua vez, hoje se torna o nome de uma exclusão de si ainda mais ampla. De todas as partes, de fato, o sujeito da civilização – ou do progresso, da técnica, da democracia, da arte etc. – se rejeita à medida que ele se confirma no avanço de sua potência e de seu domínio.

Ele se rejeita em particular – ou de maneira essencial – *enquanto sujeito*: todas as críticas, ou desconstruções, todas as clivagens ou os naufrágios do "sujeito" no pensamento moderno testemunham uma relação dolorosa, autoimune, desse sujeito consigo mesmo.

Todos os dias, a humanidade se trata como insensata – seja porque sofre de demasiados males, injustiças, humilhações, seja porque ela escapa de todas as medidas que poderiam ser a todos comuns, expondo-se, pelos seus próprios poderes, a uma desmedida com a qual ela se embriaga, para o melhor e para o pior.

Poder-se-ia pensar que tal amplificação da autodestruição vai tão além do antissemitismo que o minimiza ou até mesmo destina-o ao esquecimento. Muito pelo contrário, é somente discernindo o desafio "historial" e "espiritual" de uma detestação que o acompanha em todo o curso de sua história que talvez possamos fazer com que ele sofra uma mutação em seu curso tão profunda quanto aquela que lhe deu origem.

O antissemitismo é indissociável do ódio de si do sujeito, porque esse sujeito fantasmático, "o Judeu", *representa com muita exatidão a figura inversa do Sujeito*: "povo dominador e seguro de si", como dizia De Gaulle, em um involuntário autorretrato, gênio do empreendimento e do cálculo, ambicioso e ávido em escala mundial – não é essa a imagem maldita de si que o Ocidente projeta sobre seu bode expiatório, em um interminável ritual de conjuração por exclusão?

11

pulsões

De onde provém, em última instância – se é possível ir tão longe… –, uma configuração tão complexa, tão *torta*, para dizê-lo com a expressividade dessa palavra familiar (banal, vulgar)? De onde provém uma contorção, uma convulsão, uma horrenda careta impressa desde a origem sobre o rosto da civilização que teria sido a primeira (e talvez a última) a tornar-se mundial, senão cósmica? A que atribuir um traço tão singularmente pernicioso – e autodestrutivo – daquilo que terá sido a primeira (e talvez a última) invenção do "universal"? E como dar conta, por limitado que o seja, daquilo que terá sido a primeira prática de assassinato em massa organizado, planejado e calculado, com um encarniçamento tão frio quanto delirante?

Não basta invocar, como fiz acima, a passagem às dimensões modernas da técnica, da dominação e do racismo. Essa mudança de escala, contudo, não é indiferente: o que separa os tratados *adversus judaeos* dos primeiros séculos, a expulsão dos judeus da Espanha no século XV, os *pogroms* do século XIX e a "solução final" nazista, forma uma série indissociável de atravessamentos ou de ultrapassagens de uma época para outra, bem como a contínua perseguição de um mesmo motivo: o de uma maldição justificada por Deus, pela história, pela necessidade de excluir do mundo uma mácula abominável, ligada à própria constituição e à obstinação maligna de um povo cuja mera persistência, por si só, já autoriza a suspeita.

O que é possível notar nessa combinação de deslocamentos e de encadeamentos é que cada etapa é acompanhada de uma convulsão histórica. O fim de Roma, as Cruzadas, o nascimento do capitalismo e do "Novo Mundo", a era industrial e cientificista, o tempo das massas e do "desencantamento". Cada uma dessas convulsões opera por meio de um jogo de forças que abala uma ordem estabelecida que se transforma em desordem e mal-estar da sociedade. A cada vez, é um mundo que fissura e depois desmorona. A cada vez, é uma espécie de impulso pulsional que transtorna o estado das coisas, dos costumes e dos espíritos.

O primeiro desses abalos é aquele – grego e judeu, indissociavelmente – que põe fim a um mundo no qual reinaram poderes de ordem, hierarquia, organização e disciplina. O abalo ocidental é de todos esses conjuntos, cuja ordem (ainda que relativa) assegurava algum controle, canalização e expressão regulada das forças de ruptura, de antagonismo e de destruição que se exercem no mais íntimo da própria vida e, ainda mais, da existência dos seres viventes que falam. Este não é o lugar para nos determos nisso: a experiência do mundo atual – e, dentro dela, a exceção banalizada do antissemitismo – se forma essencialmente amarga na consciência da violência que nos habita.

O capitalismo, a conquista do mundo, a colonização, a apropriação das energias, a exploração do espaço e a exploração das massas são os estágios sucessivos – junto com o extraordinário surgimento de tantas obras de arte e do saber – dessa violência na qual os judeus não terão tido a menor parte – exceto a parte que a própria violência lhes reservou. Um outro tipo de "parte maldita"[1] (inclusive naquilo que ela comporta de riqueza, arte e pensamento).

Desde o seu início, nossa civilização se mostra preocupada em dominar os apetites, em controlar as paixões, em reprimir as pulsões. No fim, Freud se pergunta se essa repressão não teria sido excessiva, pois ele a vê culminar em um auge de violência no qual a humanidade ameaça a si mesma.

O *logos* grego – ordem e saber – e a fé judaica – confiança e observância – surgem juntos – opostos e convergentes, desunidos e próximos – como o duplo movimento destinado a suprir as antigas potências de ordem. É um duplo esforço por uma autonomia liberta dos assujeitamentos – mas essa autonomia deve encontrar sua própria lei. De um lado, ela a busca em si mesma; do outro, encontra-a em uma aliança com um outro.

O cristianismo tenta uma síntese, que, no entanto, abre ao mesmo tempo uma disrupção violenta. Não é por acaso que, através dele,

1 Jean-Luc Nancy faz referência aqui, muito provavelmente, ao conceito de Georges Bataille. Ver G. Bataille, *A Parte Maldita*, precedida de *A Noção de Dispêndio*. Tradução de Júlio Castañon Guimarães. Belo Horizonte: Autêntica, 2013. (N. da T.)

se intensificam tanto as pulsões de renúncia, ascetismo e submissão quanto as pulsões de controle e condenação das paixões. Tampouco é por acaso que a "morte de Deus" corresponda a um reinvestimento daquilo que se nomeia instinto antes de ser nomeado pulsão: de Sade e Kant até Hitler e Freud, a dupla via de um distúrbio muito profundo que entra em pânico ou se inquieta, que se exacerba ou que gostaria de se apaziguar.

O antissemitismo diz a sombria verdade de um mundo que se concebeu em uma conjunção originalmente disjuntiva. Ele deve, doravante, tornar possível um outro mundo – ou então se condenará a si mesmo.

12

deus antissemita

A quem lhe perguntava se havia uma prova concreta da existência de Deus, Voltaire respondia: "Sim, os judeus." Voltaire tratava os judeus como "a nação mais detestável que já maculou a Terra"[1]. Seria, então, a mácula, em sua perseverante tenacidade, a prova da existência de Deus. Como se sabe, o deus de Voltaire não passa de um relojoeiro: sua

■ ■ ■

1 É difícil precisar de qual texto de Voltaire Jean-Luc Nancy extraiu essa citação, entretanto, é provável, dado ser uma referência também para Léon Poliakov, que Nancy se refira aqui especificamente ao *Dicionário Filosófico*, onde Voltaire escreve: "É com pesar que falo dos judeus: essa nação é, em muitos aspectos, a mais detestável que já maculou a terra." Ver Voltaire, *Dictionnaire philosophique* [1764], em Louis Moland (ed.), *Voltaire: Œuvres complètes*, v. 20, Paris: Garnier Frères, 1877-1885, p. 517-518. (N. da T.)

existência se prova pela sua permanência – mesmo que ela seja a do odioso.

Ou como a razão europeia resolve muito mal as contradições que a estruturam.

No momento em que a dialética quer superar as contradições, ela as transforma em um terrível destino metafísico: para Hegel, o significado do povo judeu reside no testemunho de que o espírito não pode reencontrar a si mesmo senão pela dor de sua própria divisão. Os judeus expõem o sofrimento sofrido pelo espírito do mundo. (Hegel ainda não vislumbra o seu desaparecimento: para ele, como já o era para Agostinho e Pascal, eles são testemunhos necessários.)

Quando se experimenta a contradição como condição natural de nossa cultura (e/ou psique), poder-se-ia, com o judeu Freud, dizer, em uma piada, que Deus, em um momento de antissemitismo, fez nascer seu filho da melhor linhagem judaica.

Como se ele pressentisse em Deus um ódio de si mesmo? Mas é uma piada!

E não diz Freud precisamente que aquilo que é engraçado (*plaisant*) em um jogo de palavras serve para fazer passar uma verdade desagradável (*déplaisant*)?

Deus: ou bem a autonomia perfeita, o *logos* primordial, a potência de vida e de morte, a ilusão avassaladora, a dominação, deus da metafísica; ou bem a heteronomia perfeita, o Criador, o Pai e o Juiz diante de quem se prostra e se bate no peito, Deus da religião. Um e outro excluem um outro, o seu outro, um indizível, um inefável, um sopro, um rosto invisível, uma ausência que abandona os homens à errância do sentido ausente – à sua simples e inaudita humanidade.

Para finalizar...

Artaud queria *dar um fim no juízo de Deus*: para dar um fim neste, é preciso dar um fim no antissemitismo – tanto no face a face assassino quanto na conjunção mortífera, em Deus, entre os dois princípios da autonomia e da heteronomia, e com a gangrena desse confronto.

É preciso dar um fim nos princípios, no princípio de se apoiar em princípios (em "origens", "naturezas", "sujeitos"), pois, por princípio, este exclui, expulsa e extermina. É isso que torna possível, junto com o antissemitismo, toda forma de racismo. Nossa civilização só se tornou racista porque ela já carregava seu germe. Mas agora é ela mesma que está se excluindo da própria ideia de "civilização"; e todas as expectativas (se não todas as esperanças) são possíveis.

notas adicionais[1]

1

Uma divisão originária significa tanto que uma origem é dividida quanto significa que uma divisão é originária. Ambos os significados devem ser explorados e examinados juntos.

■ ■ ■

1 Tomamos como base para as notas adicionais os textos em inglês e italiano a fim de realizar a versão em português, privilegiando ora uma, ora outra, a depender da clareza que poderiam transmitir para a tradução ao português do Brasil. É importante frisar que não há nenhuma diferença significativa entre elas; pelo contrário, trata-se, a rigor, do mesmo texto em inglês e italiano, apenas com mínimas variações que não alteram o conteúdo das notas. A numeração dessas notas segue uma ordem independente à do resto do texto. (N. da T.)

Uma origem dividida ainda é uma origem. A divisão lhe acontece, ou seja, aconteceu a ela, a divisão vem depois. É assim que muitas origens representam uma divisão, uma complicação, uma contradição ou um declínio que ocorre posteriormente. Tal é o caso da mais famosa das origens em nossa cultura: o pecado original, que sobrevém à criação. Ele é uma alteração da criação e, ao mesmo tempo, constitui uma nova origem.

A queda de Faetonte, como relata o Critias de Platão, a partir de Sólon no *Timeu*, constitui uma divisão da origem cósmica, à qual corresponde, no registro humano, à queda do cavalo mau no *Fedro* de Platão. Os dois relatos são muito diferentes em natureza e caráter (poder-se-ia, no entanto, dizer que neles já está em jogo a oposição entre autonomia e heteronomia). Mas isso não muda o fato de que um tipo de acidente parece atingir as origens do Ocidente.

Mas não é, afinal, a origem que é, por si só, especificamente ocidental, especialmente se considerarmos o Egito como a origem desse regime originário (em particular segundo a cosmogonia menfita)? Em outras culturas, trata-se, na maioria das vezes, de operações que buscam ordenar um caos primitivo, ele próprio dado desde o início dos tempos. Esse caos dado não está inteiramente ausente do *Gênesis* – é o *tohu va-vohu* (תֹּהוּ וָבֹהוּ), que é desértico e vazio –, mas ele não é remodelado para ser posto em ordem: o Criador faz surgir o mundo repentinamente e independentemente dele. A diferença não é entre caos e ordem, mas entre um vazio estéril e um sopro que dá vida.

Se assim for, a origem específica do Ocidente se divide em duas e nos obriga a considerar a hipótese de uma divisão originária: por um lado, a criação a partir do nada; por outro, a única verdadeira origem, que seria o *logos* (ele preexiste ou preside sobre o mundo; essas duas noções são equivalentes). Em outras palavras, uma heteronomia e uma autonomia. De ambos os lados há uma queda, mas a primeira decorre da traição ao Criador, enquanto a segunda envolve um desequilíbrio que pode ser corrigido pelo próprio sujeito afetado por esse desequilíbrio.

2

A nota anterior deve nos levar a questionar se seria adequado falar de uma estrutura originária do Ocidente ou se, ao contrário, deveríamos considerar o Ocidente (ou, se preferirmos, uma certa "ocidentalidade") como a condição de surgimento da forma e da estrutura da origem. A ocidentalidade seria aquilo que só pode ocorrer em um mundo no qual existe algo que está dado, nunca uma origem pura. Só podem existir deuses ou elementos dados, presenças disponíveis, sem destino. A origem, por sua vez, implica sentido, envio, destino. O Ocidente é destinado ou destinal. É em torno disso que se articula a tragédia: destinos impenetráveis, impenetrabilidade do destino. O *logos* ou a *aliança* são duas tentativas inconciliáveis de superar a tragédia, uma por meio da autonomia, a outra por uma espécie de hetero-autonomia.

3

Um ponto lexical pode ser de interesse aqui. Desde Kant, nos habituamos a opor autonomia e heteronomia. Do ponto de vista grego, essa oposição é mal formulada: o oposto de *autos* (αυτός; próprio) é *allos* (ἄλλον; outro), que designa a alteridade de um outro dentro de um conjunto ou série (de coisas, de pessoas, de termos etc.); o oposto de *heteros* (ἕτερος;

diferente) é *homos* (ὁμός; mesmo), que designa uma identidade de natureza, de gênero ou de conteúdo. Ao opor *autos* a *heteros*, intencionalmente ou não, matamos dois coelhos com uma cajadada só: a lei da heteronomia não é apenas dada por outro humano, mas vem de um *outro que o humano*. Formulada nesses termos, ela não é democrática, mas hierárquica. Contudo, isso ignora a ideia de que a alteridade do "deus" em questão, assim como a da "lei moral" kantiana, aliás, é menos a de um outro que humano e muito mais a do "outro" absoluto, que se proclama ao humano no humano: nesse caso, tratar-se-ia mais de uma instância de *allos* do que de *heteros*.

Não é por acaso que a forma mais geral das questões inerentes à democracia (que, de fato, faz parte da definição do Ocidente) diz respeito à possibilidade ou à impossibilidade de conciliar igualdade e autoridade. Temos dificuldade em conceber a ideia – e mais ainda em aceitá-la – de que a autoridade pertence à nossa própria alteridade em relação a nós mesmos.

4

A própria história do judaísmo é tecida por esse conflito entre autonomia e heteronomia. Heterônomo em virtude de sua aliança com o Deus que dá sua lei ao seu povo, ele é, no entanto, autônomo em razão de sua distinção em relação aos outros povos e pela igualdade entre todos os filhos de Israel (o que, além disso, implica uma igualdade entre todos os filhos do homem e da mulher, independentemente de fazerem parte da Aliança ou não). Mas a autonomia de Israel é constantemente atraída – e assim deixa de ser uma questão do povo e passa a ser uma questão do reino – pelo esquecimento da Aliança. O profeta diante do rei ou do povo que se voltou para a idolatria representa um conflito essencial, do qual surgirão, nos tempos das primeiras diásporas, divisões internas, entre elas aquela da qual nascerá o cristianismo – no qual esse conflito se renova infinitamente, duplicando-se pelo próprio ato de rejeitar sua origem em nome de uma autonomia superior, que se divide incessantemente em si mesma de incontáveis formas... até chegar ao ponto de opor Deus a Deus.

5

A delicadíssima e complexa questão do atual Estado de Israel traz os sinais mais evidentes de um recrudescimento desse conflito – reconfigurado após a perseguição e o extermínio de origem cristã, romana e imperial (que, para chegar ao Terceiro Reich, remete ao que foi dito sobre o império em nossa Introdução estadunidense), e após a já longuíssima história do profetismo, que deveria englobar e redimensionar seus predecessores, dado que o Islã apresenta o Profeta no sentido mais literal da palavra: aquele por meio de quem Deus fala.

A autonomia palestina é, em termos de direito, irrecusável para a fé e o pensamento judaicos – mas a necessidade de proteger um povo que a loucura da exclusão transformou em vítima destinal corre o risco de se perder no esquecimento da Aliança que evocamos anteriormente.

A atual explosão do antissemitismo muçulmano não surpreende quando se observa, em perspectiva, toda a trajetória do triplo monoteísmo ocidental, ou seja, os múltiplos avatares da profunda contradição interna da história – ou do sujeito chamado "Europa", depois "Ocidente" e, por fim, "Mundo"...

6

De maneira inesperada, se não até mesmo desconcertante, e, no entanto, inteligível, o antissemitismo – o ódio de si do Ocidente – espalha seu veneno nesse "globo" que, no fim, já não sabe mais nada sobre autonomia e heteronomia. É também por isso que, na realidade, seria necessário refletir, muito mais do que eu pude fazer aqui, sobre o caráter simultâneo de Auschwitz e Hiroshima, bem como sobre a assustadora pletora de guerras totais, genocídios, misérias ideológicas e culturais que constituem o nosso presente.

posfácio

breno isaac benedykt[1]

O antissemitismo – primeiro cristão, depois filosófico e, em seguida, cultural, político e ideológico – constitui um fenômeno distintivo do Ocidente, entre todas as civilizações, pois excede toda forma de racismo e de hostilidade contra outros "povos" enquanto tais. A condenação difere da hostilidade como a relação de direito difere da relação de força. O Judeu é, por direito, recusado pela jurisdição da salvação, da integridade e do fim último. Ele é o sacrificado da santificação: ao mesmo tempo vítima propiciatória e parte maldita, separada do corpo de glória.

Le Témoin du négatif[2].

Ainda pouco conhecido pelo público brasileiro, Jean-Luc Nancy (1940-2021) foi

1 Doutor em Filosofia pela Universidade de São Paulo (USP).

2 Em Joseph Cohen, *Le Spectre Juif de Hegel*, Paris: Galilée, 2005 (tradução nossa).

um dos pensadores franceses mais originais e inquietos do pós-guerra. Filósofo de formação fenomenológica, com estudos também em teologia, Nancy elaborou uma obra vasta e transversal, marcada pela desconstrução das categorias tradicionais do pensamento ocidental – como sujeito, sentido, comunidade, mundo e corpo – e pelo diálogo constante com a herança cristã da Europa, sobretudo em sua proposta de uma *desconstrução do cristianismo*. Desde muito cedo, viu a urgência de pensar o evento histórico da Schoá e em que sentido esse acontecimento acabara por revelar algo sobre a essência (e assim, também, a crise) do Ocidente – preocupação que compartilhou, em grande medida, com seu amigo e parceiro intelectual Philippe Lacoue-Labarthe, com quem escreveu alguns de seus livros mais importantes, como *O Mito Nazista*. Intelectualmente próximo de Jacques Derrida, com quem mantivera uma profunda amizade e interlocução filosófica, tanto Nancy como Lacoue-Labarthe viram na *desconstrução* o trabalho de pensamento a ser feito pela filosofia, construindo, cada um à sua maneira, um modo de concebê-lo.

Embora a questão do antissemitismo percorra sua obra desde cedo, é nos últimos dez anos de sua vida que ela adquire uma centralidade decisiva – como se evidencia nesta articulação de intervenções e reflexões reunidas sob o título *Exclua o Judeu em Nós*, que o leitor tem em mãos e que apresenta, sem pretensão de unidade ou totalidade, algumas das teses mais contundentes e inovadoras de Nancy sobre o tema. Ele nos apresenta, assim, uma espécie de genealogia do ódio ao judeu, que não deixa de ser, em parte, uma genealogia do próprio pensamento ocidental e de seu anseio por totalidade – cuja realização, entendida também como redenção, encontra na figura do "Judeu" sua metonímia invertida: a parte maldita, o obstáculo interno, contra o qual todo ódio pareceria, por princípio, justificável. Ao nos apresentar suas investigações sobre esse fenômeno – quase tão antigo quanto a história do Ocidente –, Nancy não nos conduz a uma resposta conclusiva, mas antes nos abre um espaço de pensamento para refletir sobre o que é, afinal, o antissemitismo de matriz ocidental e o que sua mundialização nos revela a respeito de suas transformações e de seus momentos de expansão.

Para Nancy, é necessário ir a fundo se o objetivo é compreender a volta do antissemitismo em nossa atualidade, desde o mais banal e vulgarizado até o mais "espiritualizado", virulento ou assassino; e, para isso, é preciso perspectivar toda a história do Ocidente, buscando compreender o lugar que o Judeu ocupa desde a sua origem, como um foracluído estrutural. Nancy nos apresenta, assim, as tensões internas do Ocidente a partir da relação entre os três minérios que constituem seu agenciamento histórico e espiritual: o *logos* e a busca grega pela autonomia universal; a *técnica* e a institucionalização política e jurídica do poder por Roma; o *amor* e a temporalidade messiânica da promessa, de origem judaica. Dessa liga nascerá o Ocidente cristão, isso que passamos a chamar de imperialismo cristão, o qual já ultrapassou, pelo menos desde o século XVIII de forma decisiva, os limites do continente europeu e das religiões cristãs e que, em relação a estas últimas, também excede em muito os limites de suas vertentes e práticas religiosas – ainda que passe, inevitavelmente, por suas doutrinas e crenças. Sua mundialização, por conseguinte, nos expõe, aos olhos de Nancy, à necessidade de um estudo tanto sobre suas condições estruturais de possibilidade como, em paralelo, a respeito de cada uma das absorções ou incorporações locais de seu antissemitismo, o que esses guardaram de continuidade e o que marcaram como uma descontinuidade com relação à sua matriz europeia.

Há, assim, um fator que caracteriza a originalidade analítica de Nancy com relação ao antissemitismo e que se apresenta como sendo o cerne de um problema estrutural, a saber, a contradição interna do Ocidente entre seu desejo de conquista de uma autonomia absoluta, por meio da unificação dialética do particular e do universal, extraída de uma racionalidade que tende a avançar e a se expandir no sentido de uma identidade unificada e de poder reconciliador, extraída de suas origens grega e romana, e o profetismo judaico, advindo da aliança com uma heteronomia irreconciliável e intraduzível[3]. O Judeu se transforma, assim, naquele que enuncia a promessa, sem jamais se mostrar capaz de compreender qual a mensagem prometida, condenado, por isso, a viver na errância, fonte das mazelas de sua existência e dos males que recaem sobre o mundo. Daí uma das razões de Nancy insistir num único

3 É importante destacar que Nancy não esgota aí sua análise das tensões internas do Ocidente e, tampouco, de como algumas delas já apareciam, ainda que de formas distintas, em cada uma de suas três principais vertentes. Nesse sentido, é importante notar como o filósofo aponta para tensões internas que estavam presentes tanto no pensamento grego como no judaico. Do último, é relevante para Nancy a tensão entre o chamado e a autossuficiência, contradição interna distinta, por exemplo, da greco-romana, entre autocracia e autonomia. Ver também Jean-Luc Nancy, *La Haine des Juifs: Entretiens avec Danielle Cohen-Levinas*, Paris: Cerf, 2022, p. 19-43.

termo para designar as diferentes variações e deslocamentos que o antissemitismo sofreu ao longo dos séculos, desde o marcionismo cristão até sua forma moderna, biológica ou racializada. Para Nancy, o que se apresenta àquele que pesquisa o antissemitismo são as múltiplas formas como essa dobra essencial do Ocidente pôde e pode ganhar corpo, chegando (ou não) a situações de ódio extremo ao judeu e, nem sempre sob os mesmos aspectos, à mulher judia, atingindo, como no caso do nazismo, até mesmo o nível de um ódio que chega a se voltar contra o próprio cristianismo, na medida em que haveria nele ainda algo de um judaísmo do qual não pode ou não pôde se livrar – um anticristianismo, segundo Nancy, incubado no seio do cristianismo, um avesso a tudo que este ainda preservaria de errância e de não pertencimento a esse mundo.

Como nos conta Danielle Cohen-Levinas no livro em que entrevista Nancy e cujo título revelador é "O Ódio aos Judeus": "Quando se tratava de antissemitismo, sua reflexão parecia magnetizada por esse inconfessável ao qual ele recusava categoricamente que coubesse a última palavra."[4] É a banalização desse

4 Ibidem, p. 10, tradução nossa.

inconfessável ao Ocidente, que perpassa desde seu cotidiano até sua filosofia, sua teologia e suas ideologias, que parece ter-se tornado, diante da volta contemporânea do antissemitismo, um intolerável que, para Nancy, também caberia à filosofia a tarefa de tornar visível.

Do antissemitismo "policiado" de Immanuel Kant, cuja "eutanásia", sonhada por ele, seria a de uma morte do judaísmo, ressuscitado em religião da razão, até o mais extremo, como o de Martin Heidegger, passando pelo de Hegel, Nancy não abdica de refletir sobre e falar a respeito do antissemitismo presente nos nomes que marcaram sua formação intelectual e que constituem parte importante de suas heranças filosóficas, mesmo quando este se apresenta em um filósofo de origem judia, como Edmund Husserl. Trata-se, contudo, do contrário de um processo acusatório, condenatório ou totalizante, mas antes de uma leitura preocupada com a desconstrução do antissemitismo e de determinado desejo, presente no seio do Ocidente, de sacrificar uma parte de si em vista de poder ser, enfim, si mesmo. Não é à toa que Nancy recorra ao livro de Theodor Lessing, *Der jüdischer Selbsthass* (O Ódio Judeu de Si), de 1930, para desenvolver algumas de suas teses sobre o ódio de si do Ocidente, projetado contra o Judeu – essa abstração –, mas voltado literalmente contra judias e judeus reais. Como nos diz Nancy em uma conferência sobre o antissemitismo de Heidegger, aquilo que se pode aprender com o livro de Lessing é “que o ódio judeu de si (o antissemitismo incorporado por judeus, como Husserl) traduz a profundidade a que pode chegar este ódio: a própria profundidade da identidade ou do ser-si, porque é exatamente até aí que quer levar a repulsa antissemita”[5]. Um ódio que também deve ser compreendido, ainda segundo Nancy, como um rancor contra si mesmo, na exata medida em que se prometeu – e em que se segue prometendo até nós – a realização da natureza, do homem, da cidade, da justiça, do saber, da humanidade etc., e que encontra na figura do Judeu a sua impossibilidade: a injustiça de uma promessa não realizada, o emissário de uma falsa promessa.

O Judeu como eterno errante, essa figura inventada pelo antissemitismo ocidental: ente dispersante, dissimulante e dissolvedor da unidade do ser, do saber, da justiça, da natureza, da humanidade e da *polis*, face maldita que não reconhece o pertencimento, a fundação e a boa

▪▪▪

5 J.-L. Nancy, *Banalidade de Heidegger*, trad. Fernanda Bernardo e Victor Maia, Rio de Janeiro: Via Vérita, 2017, p. 42.

consciência; eterno retorno do inassimilável ao fantasma ocidental da pureza e ao desejo de realizar o infinito em ato – infinito que, uma vez em ato, salvaria, enfim, o Ocidente de si mesmo.

Os ataques brutais de 7 de outubro, em Israel, promovidos pelo Hamas e a destrutiva represália israelense em Gaza impulsionaram, ao modo de dois eventos interligados de cunho "totalitário", uma nova onda de antissemitismo em diversas partes do mundo, tanto sob suas justificativas mais antigas como sob novas, nas quais se desloca, ou antes, se suplementa, ao ódio ao Judeu, o ódio, igualmente abstrato, ao judeu "sionista", na medida em que a simples existência deste último ou sua mera persistência justificaria tal sentimento de ódio, dirigido, supostamente, "apenas" a eles – os praticantes do nacionalismo "judeu" – e não, supostamente, a uma categoria qualquer de "judeu".

Não cabe arriscar neste espaço o que Nancy diria a respeito desses eventos e das consequências políticas ligadas a essa intensificação do antissemitismo. Não há, contudo, como deixar de apontar a importância de retornar aos seus textos como uma herança a nos ajudar a compreender o nosso presente. E tampouco se pode deixar de pontuar que, para Nancy, se quisermos um dia realmente dar um fim às formas políticas e existenciais "totalitárias"[6], que voltaram a assombrar o nosso presente, é preciso dar um fim, igualmente, ao antissemitismo – e, com ele, a todas as formas de racismo. É preciso se expor a cada judeu e a cada judia em sua singularidade – esteja diante de nós ou ao nosso lado –, como a toda singularidade exterior que nos expõe às nossas próprias singularidades internas; mas é preciso também reconhecer, segundo o que Nancy traz à lume, que Judeu é aquele que, dentro de nós, revela, em nós mesmos, esse outro: não a figura de uma eterna errância, mas o eterno retorno daquele que nos é inassimilável e irredutível aos nossos desejos.

■ ■ ■

6 Jean-Luc Nancy desenvolve uma reflexão própria e original sobre o que denomina como "totalitarismo" e que, por vezes, considera mais adequado chamar de "imanentismo", noção que também se articula ao problema do fascismo e que diria respeito a um horizonte geral do nosso tempo, do qual, para o autor, nem mesmo as democracias contemporâneas, com seus frágeis parapeitos jurídicos, conseguiriam escapar inteiramente. Para um aprofundamento dessa questão, ver, entre outros, como essa reflexão se faz presente em seu importante ensaio "A comunidade inoperada", em *A Comunidade Inoperada*, trad. Soraya Guimarães Hoepfner, Rio de Janeiro, 7Letras, 2016.

Este livro foi impresso na cidade de São Bernardo do Campo,
nas oficinas da Paym Gráfica e Editora, em setembro de 2025
para a Editora Perspectiva.